イラスト（表紙・目次）／山﨑美帆
写真／小笠原敏孝
デザイン／三浦裕一朗（文々研）

二月の稽古場から

指導・文＝小林宗美《こばやしそうみ》（淡交会大阪東支部）

三か所の稽古場を月替わりで訪ね、その月の趣あふれる稽古の様子を伝えます。稽古場で出会うモノ・コトから、まなびと楽しみをひろげましょう。

ぬくもりが恋しい二月、絞り茶巾*の稽古を

「*」マークは18頁参照

節分を経て、立春*へ
春を告げる梅尽し

淡々斎筆　梅花雪裡春
淡々斎好　寿棚
染付梅水指
筒茶碗　大樋焼
梅に鶯蒔絵平棗

「*」マークは8頁参照

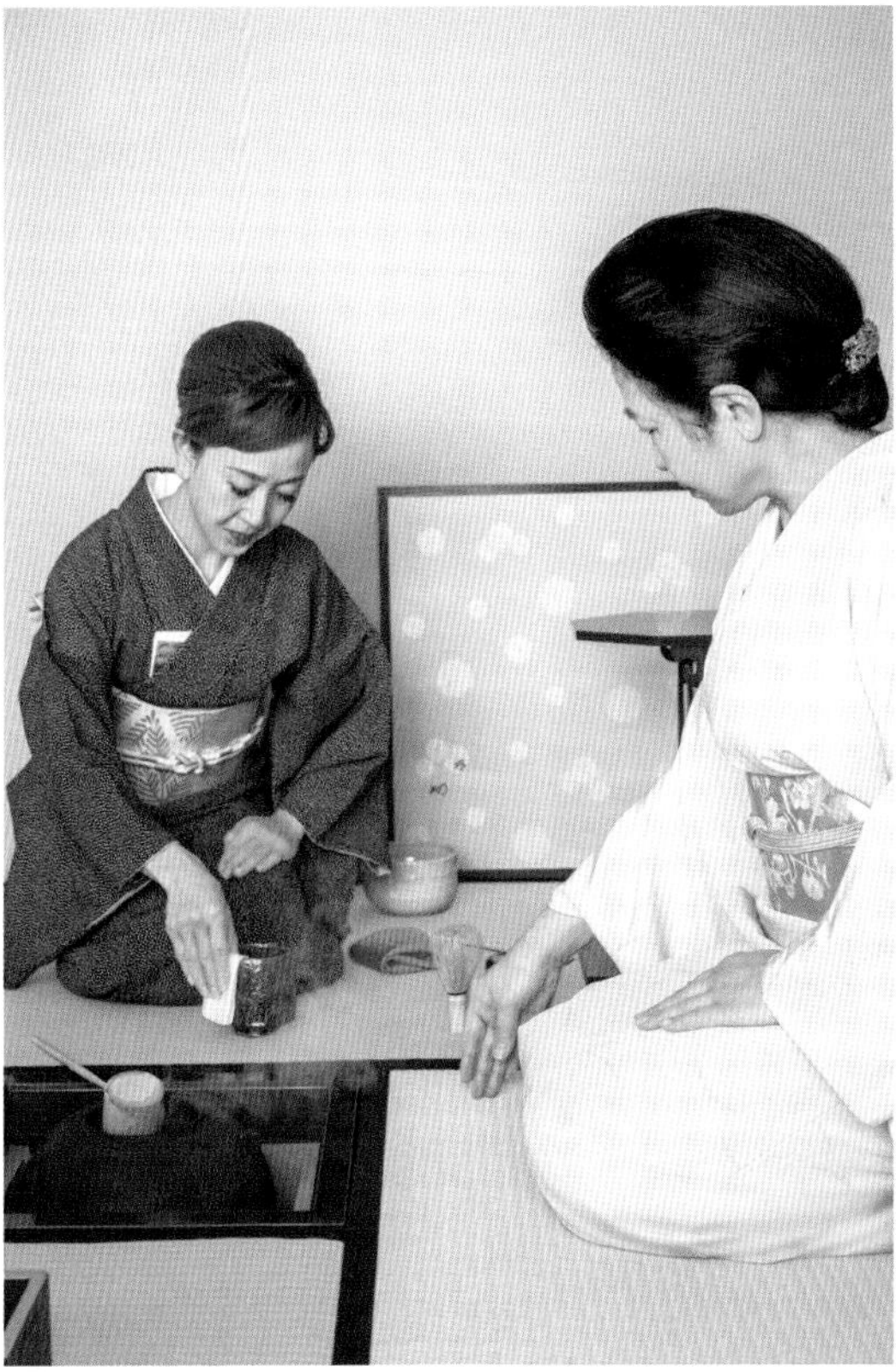

筒*茶碗と茶巾のあつかいが肝心

点前を見るのもよい勉強

「＊」マークは23頁参照

筒茶碗での一服、「お先に頂戴します」

茶杓の銘は「梅の花垣*」でございます

「*」マークは11頁参照

Q. お稽古で「今日は立春です」と伺いました。もう少し詳しく知りたいです。

A. 二十四《にじゅうし》節気《せっき》の一つで、春のはじまりです。

例年、二月四日頃は二十四節気の一つ、立春です。暦の上ではこの日から春となる、春のはじめの日です。立春・立夏・立秋・立冬の四立《しりゅう》は、春・夏・秋・冬の四季のはじめとなり、それぞれの前日が「季節を分ける」という意味の節分です。

節分と聞くと、多くの方が「立春の前日」を思い浮かべることでしょう。立春を新年のはじまりとした考えでは、立春前日の節分が大晦日に当たることから重要視され、江戸時代以降、節分というと主に立春前日をさすようになりました。

立春は、季節の移り変わりの目安となる雑節《ざっせつ》の基準日にもなります。茶摘みの頃として「夏も近づく八十八夜」の歌でお馴染《なじ》みの八十八夜は、立春から数えて八十八日目をいい、種まきの目安日です。

◉二十四節気とは

二十四節気とは一年を二十四に分割したもので、季節の移り変わりを示す指標です。二至二分《にしにぶん》（冬至・夏至、春分・秋分）と四立（立春・立夏・立秋・立冬）の八節が軸となります。月を暦の基準としていた古代中国において、より正確な季節を知る指標として考え出されました。二十四節気は約十五日ごとですが、さらに各節気を

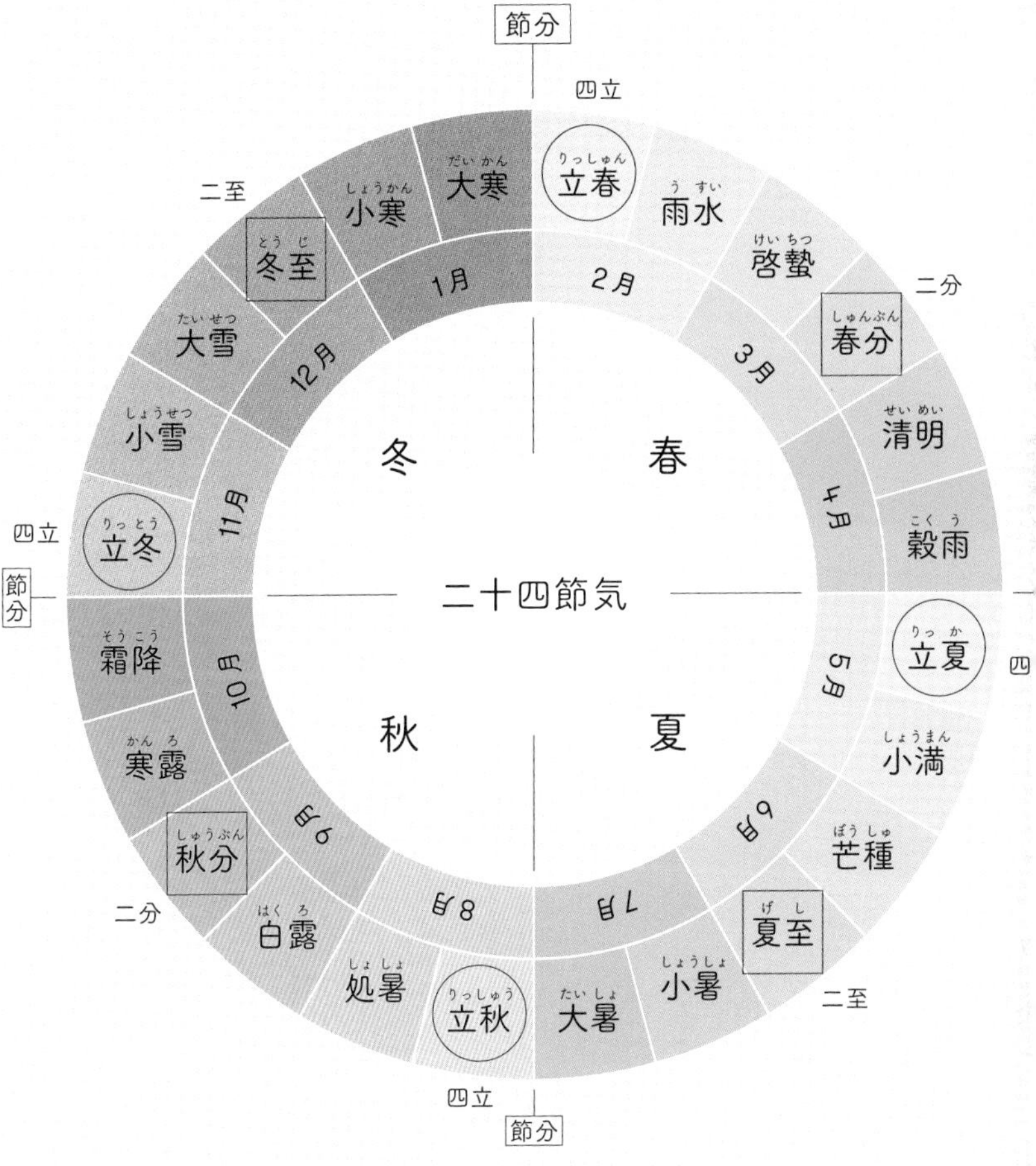

立春…2月4日頃	立夏…5月5日頃	立秋…8月7日頃	立冬…11月7日頃
雨水…2月19日頃	小満…5月21日頃	処暑…8月23日頃	小雪…11月22日頃
啓蟄…3月5日頃	芒種…6月6日頃	白露…9月8日頃	大雪…12月7日頃
春分…3月21日頃	夏至…6月21日頃	秋分…9月23日頃	冬至…12月22日頃
清明…4月5日頃	小暑…7月7日頃	寒露…10月8日頃	小寒…1月5日頃
穀雨…4月20日頃	大暑…7月23日頃	霜降…10月23日頃	大寒…1月20日頃

三分したものを七十二候《しちじゅうにこう》と呼び、気象や動植物の変化を具体的に表した名称がついています。

季節の変化を銘のヒントに

こうした季節のうつろいに銘や意匠を合わせるのも、茶の湯の楽しさの一つです。二十四節気などを普段から少し意識して、身のまわりの自然や動植物の変化に目を留めたいものですね。

たとえば、立春を意識すると、どこかに春の気配がないか探してみたくなりませんか。そうした季節の変化を表すことばを、歳時記などで調べると、銘をつける際にも役立ちます。下記に立春前後の一例を挙げてみました。ご自宅のまわりや稽古への道すがらなど、いつもより丁寧に観察してみてはいかがでしょうか。

- 日が長く、陽射しが強くなってきた
⇒日脚のぶ　春光
- なんとなく春の気配。もうすぐ立春
⇒春信《しゅんしん》
- 立春だけど、気分は「春」というより、冬に一区切り。⇒寒明《かんあけ》
- 立春を過ぎても、まだまだ寒い
⇒春浅し　春淡し　淡き春　浅き春
- 氷が解けて薄く残っている　⇒薄氷
- 冬枯れの地から草芽が芽吹いてきた
⇒草萌《くさもえ》　下萌
- 梅が少しほころんでいる
⇒探梅《たんばい》　梅一枝《うめいちえ》　片枝《かたえ》の梅　一花《いっか》
- 鶯《うぐいす》の鳴き声が聞こえた
⇒初音《はつね》　鶯の音　鶯宿梅《おうしゅくばい》

Q. 「梅の花垣」という銘を聞きました。どのような意味があるのでしょうか?

A. 梅を守る垣根などを表します。謡曲「老松」にも登場。

「花垣」とは、花の咲く木でつくった垣根や多く並んだ花々、あるいは花を保護するための垣根を表すことばです。「梅の花垣」は、梅を守る垣根などをさすのでしょう。菅原道真《すがわらのみちざね》(菅公《かんこう》)と梅、松の縁などを題材とした「老松」という謡曲があります。その中に、「梅の花垣」が登場しますので、紹介しましょう。

◉謡曲「老松」

都に住む梅津某《なにがし》は常日頃、天神《てんじん》を篤く信仰していました。ある時、夢にお告げを蒙《こうむ》り、菅原道真公を祀る筑紫国の安楽寺に参詣します。

梅の枝に鶯が囀《さえず》る、初春の長閑《のどか》な頃、安楽寺の境内に老人と若い男がやって来ました。どうやら、咲き誇る一本の紅梅に花垣を巡らしている様子です。これを見た梅津某は、名高い飛梅《とびうめ》とはどのことですか、と尋ねると、老人はこれはご神木であるから紅梅殿《こうばいどの》と崇《あが》めなさい、といって、飛梅という不躾な呼び方を咎《とが》めます。

老人はさらに傍らの松の老木をさしてこれは「老松」だといい、やはりご神木で紅梅殿と共に天満宮の末社として祀られていると話します。そして、梅と松の徳について、唐土《もろこし》の始皇帝の故事などを引いて物語るうちに姿を消してしまいます。

その夜、梅津某が松蔭で旅寝をしていると、老松の精と紅梅殿の精が現れ、神々しい舞を舞って、御代《みよ》を寿《ことほ》ぐのでした。

以上がおおまかなあらすじです。この紅梅に花囲いをしている場面に「天霧《あまぎ》る雪の古枝《ふるえ》も、なほ惜しまるる花盛り。手折《たお》りやすると守《も》る梅の花垣いざや囲はん、梅の花垣を囲はん（古枝でさえ惜しまれるほどの花盛りに、枝を手折られはしないかと番をしているこの梅の、花の垣根をさあ結おう）」という詞章が出てきます。紅梅殿を大切に守る気持ちが伝わる場面ですね。

菅原道真と飛梅、老松伝説

このお話のもとになっているのが、飛梅・老松（追い松）伝説です。

時は平安、承和十二年（８４５）、菅原道真は三代にわたる儒官の家に生まれました。幼少より学問に秀で、三十三歳で学者の最高位である文章博士《もんじょう》に任ぜられ、出世を果たします。しかし、周囲の妬みを買い、延喜元年（９０１）、藤原時平などの陰謀により大宰府へ左遷されることとなりました。道真の京の邸宅「紅梅殿」にはこよなく愛した梅や、桜、松の木が植えられていたのですが、都を離れる日、紅梅殿の梅に詠んだのが次の歌です。

東風《こち》吹かばにほひおこせよ梅の花
主なしとて春を忘るな
（東風が吹き、春がきたら芳しい花を咲かせておくれ。主人が都にいないからといって、春がきたことを忘れてはならないよ）

『拾遺和歌集』

太宰府天満宮では、樹齢一千年を超す白梅のご神木「飛梅」が植えられ、例年3月頃に見頃を迎える。

主人（道真）を慕った梅は道真が大宰府に着くと、一夜のうちに道真の元へ飛んで来たとされます。これが飛梅伝説です。一方、桜は悲しみで枯れたとも、梅と同じ籬《まがき》にありながら思《おぼ》し召しがなかったと怨んで枯れたともいわれています。

さらに道真が「梅は飛び桜は枯るる世の中に　何とて松のつれなかるらん」と詠むと、松が梅の後を追って大宰府へとやって来たといわれており、これを追い松（老松）と呼びます。

太宰府天満宮においては飛梅（紅梅殿）と老松は共に末社の神として祀られるようになりました。

古来日本人に愛された梅は、斯様《かよう》に多くの文学に登場し、梅・桜・松の組み合わせは謡曲「鉢木《はちのき》」にも見えます。銘一つ、お道具一つからまなびがひろがります。

Q. もうすぐバレンタインデー。お茶に取り入れるくふうはありますか?

A. 意匠やお菓子のほか、銘でくふうしてみましょう。

二月十四日は、バレンタインデー。日本では主に女性が男性にチョコレートを渡して、愛の告白をする日として定着しています。身近な歳時をぜひお茶にも取り入れてみましょう。キーワードとしてはやはり、ハートや花束、チョコレートなどが思い浮かびます。そんな意匠の道具があれば使うのもよし、あるいは菓子や茶杓の銘でくふうしてみてはどうでしょう。たとえば写真右のお菓子は、通常「葛ふくさ」として売られていますが、「想い文」「恋衣」なんてつけてもよいですね。

ちなみに、バレンタインデーの発祥は

あなたならどんな銘をつけますか?
葛ふくさ　菊壽堂義信製

密かな想い（道明寺製）
菊壽堂義信製

自宅ではこんな洋菓子と共に一服も……

三世紀のローマ時代まで遡ります。皇帝クラウディウスは遠征する兵士が未練を残さないよう結婚を禁じていましたが、それに反対したのがウァレンティヌス司祭。極秘に結婚させていた罪に問われ、二七〇年二月十四日に処刑されてしまいます。やがて愛の守護神「聖バレンタイン」として祀られるようになり、後世には諸々の説から二月十四日は恋人たちの日として定着していきます。国によっては贈り物を交換したり、男性が女性に贈ったりと、風習はいろいろ。ハートのお菓子や茶碗を使って、想いを寄せる方などへサプライズのお抹茶一服、いかがでしょうか。

想いをこめた一碗を

ハート（有平糖）
甘春堂製

二月の稽古のこと

正月祝い、初茶会など何かと慌ただしい一月の行事が過ぎ、はや二月となりました。立春とはいえまだまだ酷寒の日が続くこの月、一説には寒さ厳しい時期に衣を更に重ねて着ることから「衣更着《きさらぎ》」と呼ばれるようになったといわれています。「如月《きさらぎ》」は中国での二月の別名のようです。現代では室内の暖房設備も整い、真冬でも薄着で過ごせますが、子供の頃に祖母や母からたくさん重ね着をさせられて、モコモコになっていた記憶がよみがえります。

立春といいますと、先の頁でもふれましたが、二十四節気の第一です。この頃よく目にするものに「立春大吉」という厄除けのお札があります。もともと禅宗のお寺では立春の日に「立春大吉」と書いた紙を門に貼り、厄除けとしていました。この四文字はすべて左右対称で紙の裏から見ても「立春大吉」と読めます。そのことから、札を貼った玄関から鬼が家に入り振り返った時に、再びこのお札が見え、まだ外にいたのかと勘違いして出て行ってしまうので、一年を平穏無事に過ごせるというふうに伝えられています。現代でもところどころにその風習が残っているようです。なんだか憎めない鬼ですね。

さて、寒さ厳しい二月でも現代の稽古場はエアコンで暖められ、「暖」がご馳走《ちそう》という実感はわきにくいかもしれませんが、冬場のお客さまへのおもてなしの稽古として、筒茶碗を用いた絞り茶巾の点前をよくいたします。昔は背中に冷たい外気を感じる部屋の中で釜から上がる湯気、そしてあたたかな一碗は何よりのおもてなしではなかったかと思います。この頃には熱々に蒸した上用饅頭をお出しするのも喜ばれるでしょうね。

また、二月は裏千家十一代玄々斎《げんげんさい》宗匠が北

国の囲炉裏から創案された大炉の季節です。大炉は六畳間に逆勝手に切り、通常の炉より四寸ほど大きく、炉壇は灰色、炉縁は木地と決められています。大炉の中で赤々と燃える炭に大きな釜が懸かり広い口からたっぷりの湯気が立ち込める風情はこの季節ならではのものです。

　我が家には残念ながら大炉は切ってありませんが、大炉の逆勝手の点前に倣って二月には逆勝手の稽古をすることが多いです。季節を問わない点前ですが、大炉のお話をしながらこの頃にするのもよいものです。生徒さんたちは日頃、本勝手に慣れている分、「まるで頭の体操…」と動きに戸惑いながら、「右足？左足？」と笑い声と共に楽しく稽古をしています。

　酷寒の冬と小さな春が同居しているようなこの二月から、季節の中で一番好きな草木の芽吹く弥生三月を心待ちにいたします。

鵬雲斎大宗匠筆　紅炉上一点雪

その1

絞《しぼ》り茶《ちゃ》巾《きん》

紋り茶巾は寒さの厳しい頃、お客さまに少しでもあたたかさを感じてもらうためにするあつかいです。十分に温めた茶碗に絞った茶巾を仕組み、点前座では茶碗に入れたお湯に茶筅を預けておき茶巾をたたみます。その間に少し冷めかけたお茶碗全体と茶筅もまた温まり、あたたかな一碗を差し上げることができます。こまやかな心遣いが嬉しい点前ですね。

筒茶碗を用いるため茶筅が振りにくい場合は茶碗を少し右に傾けてもよく、手の小さい人は横から持ってもかまいません。なお、筒茶碗では濃茶点前はいたしません。

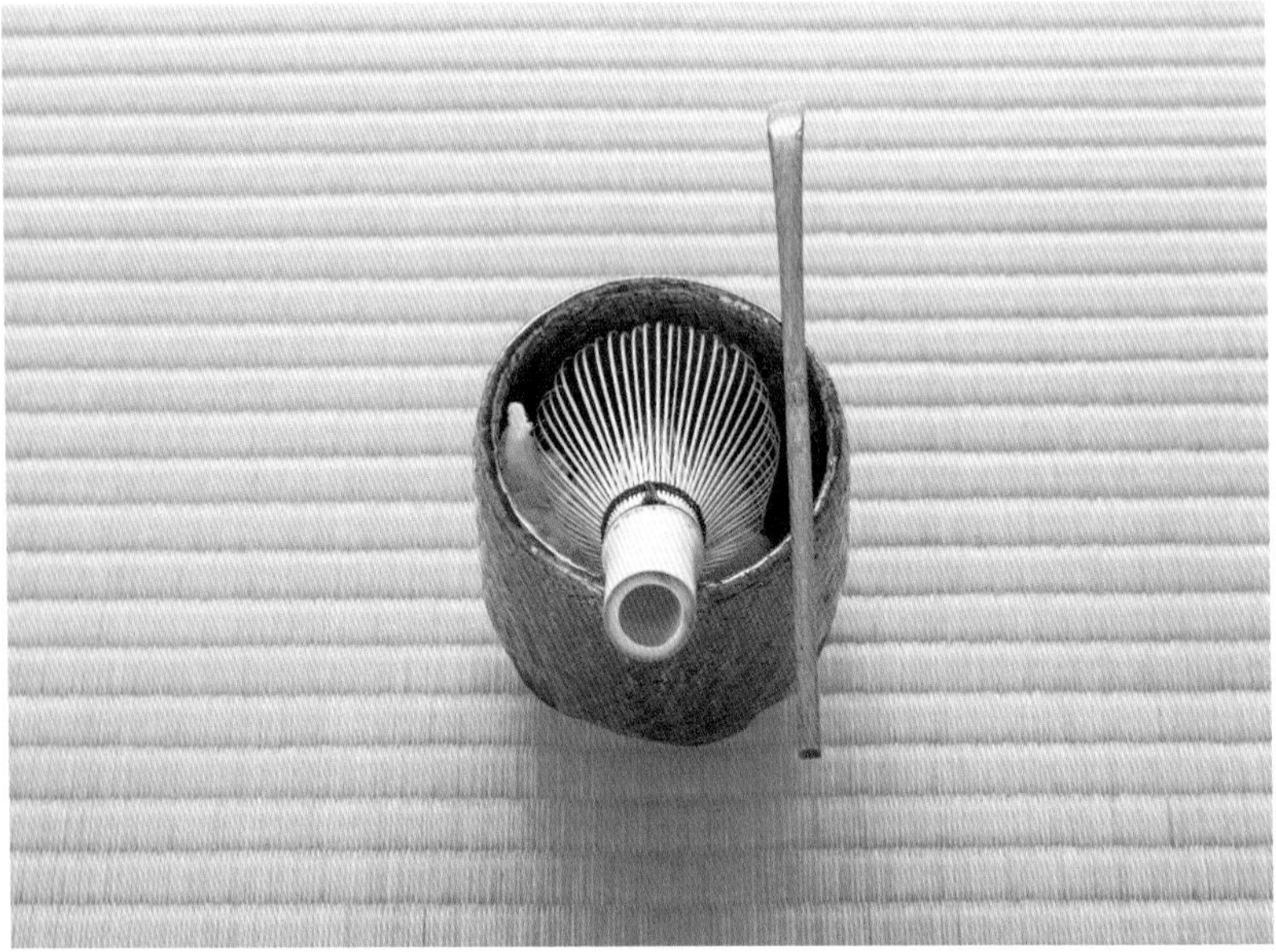

◉準備

運び点前、棚物点前のどちらでもよく、棚の場合は貴人畳の縁から畳目十六目向こうの中央に据え、水指と棗を荘《かざ》りつけます。

水屋では茶碗を十分に温めておき、茶巾を絞った形のまま、その端が向かって左になるように茶碗の中に一文字に入れ、茶筅と茶杓を仕組みます。ほか、柄杓・蓋置・建水も常の通り準備します。

茶巾のたたみ方

*わかりやすくするために、
畳上で撮影しています。

❶ 茶巾は対角線に二隅を取る。

❷ 二つに折る。

❸ さらに二つに折って絞る。

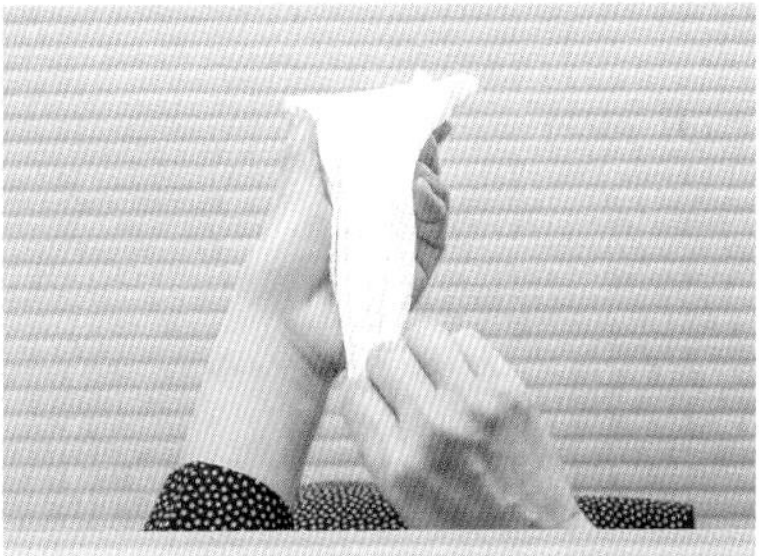

❹ その端を左に向けて、
茶碗の中に一文字に入れる。

Q. 絞り茶巾以外にも、厳寒の頃のもてなしのくふうはありますか?

A. 「あたたかさ」を意識してみましょう。

一年でもっとも気温が低くなるのが一月末から二月初旬の「寒《かん》」の頃です。この頃はやはり「あたたかさ」を意識したいもの。絞り茶巾にしなくとも筒茶碗など深めの茶碗や、たっぷりとした釉掛けの茶碗はお茶が冷めにくいものです。よく温められた楽焼の筒茶碗は手に持っても、しばらくあたたかさが保たれるように思います。

このほか広口釜《ひろくちがま》から立ち上る湯気はいかにも温かく、また茶事茶会では、手焙《てあぶり》や火鉢を待合などに準備して、暖をとっていただきます。懐石の向付《むこうづけ》には冷めにくい深向《ふかむこう》を用いたり、菓子は蒸し直した上用などを蓋付の器で出すのも一興です。意匠や銘にも心を配り、心身共にあたたまっていただけるようくふうしてみましょう。

こうした心配りはおもてなしを大切にする茶道の基本ではないかと思います。稽古場でまなんだこと、気づいたことを普段の生活にも意識して取り入れることによって、しっかりと身につけていきたいですね。

筒茶碗、広口釜など

◉筒茶碗

筒形の茶碗をさし、深いものを深筒、浅いものは半筒という。深筒は冬季に多く用いられる。

◉塩笥《しおげ》茶碗

朝鮮の塩入れの小壺に由来する茶碗の呼称で、胴が膨らみ、口が締まった形をしている。「笥」は「はこ」の意味。古くは明智光秀などが塩笥の香炉を所持し、茶碗として用いていた。

右／雪笹絵半筒茶碗　左／赤楽筒茶碗

李朝 辰砂牡丹文塩笥茶碗

萩焼唐人笛茶碗

雲華焼手焙

広口釜から立ち上る湯気もご馳走

◉唐人笛《とうじんぶえ》

胴の部分は漏斗《じょうご》状で、高い割高台《わりこうだい》がつく茶碗。その形が唐人の吹き鳴らす笛に似ることから、この名がある。古萩に作例が多い。

◉広口釜

口造りの大きく広い釜を広口釜という。「口広」とも呼ぶ。胴に菊桐を鋳出した政所《まんどころ》釜や、比叡山延暦寺の大講堂《だいこうどう》の香炉を釜に写した大講堂釜も広口釜の一種に数えられる。

◉手焙

小形の火鉢で、炉の季節には席中や腰掛待合などで用いられる。「手炉」とも。素材は陶器、瓦器、塗りなどさまざま。

大炉とは

大炉は六畳間に逆勝手に切られ、酷寒の二月頃に用いられます。通常の炉は一辺が一尺四寸（約42・4センチ）ですが、大炉はその名が示すように大きく、一辺が一尺八寸（約54・5センチです）。炉縁は木地、炉壇は灰色が約束です。炉壇の灰色は、聚楽《じゅらく》土に墨を混ぜた鼠土《ねずみつち》によるものです。

大炉は安政年間（1854〜60）に裏千家十一代玄々斎宗匠が北国の囲炉裏から創案されたもので、裏千家咄々斎《とつとつさい》の次の間の六畳の間に切ったのがはじまりです。裏千家独特のもので、その点前は炉の逆勝手を基本とし、ごくわびた風趣があります。

大炉の初炭手前より

逆勝手の基本

そもそも逆勝手とは本勝手に対していうことばで、亭主が座る点前座の左側に客が着座する席構えをいいます。茶室の立地条件や間取りなどによって、このように手勝手が逆になることがあり、左勝手、非勝手ともいいます。

逆勝手では、風炉の場合は点前畳の右側に風炉を据えることになります。また帛紗は右腰につけ、席にも左足から入ります。建水に湯や水をあける手は左手、右手と交互になります。お茶を何服点てるかにより、お仕舞いの挨拶を受ける手が変わります。

小棚を用いる場合は、左右対称の棚を用います。勝手付に釘のある棚や、台《だい》子《す》・長板《ながいた》は据えません。荘り方も本勝手とは逆になるため、たとえば入荘《いりかざ》りの柄杓は左斜めに引き、蓋置を柄杓の柄の右手前に、棗を左斜め向こうに荘ります。

逆勝手では道具の位置も本勝手と異なる

四畳半切（上座床）の場合

炉

本勝手

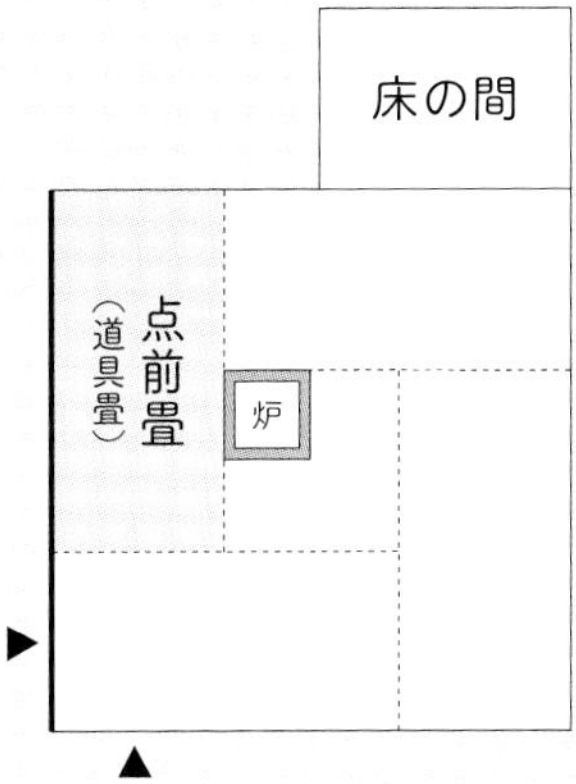

逆勝手

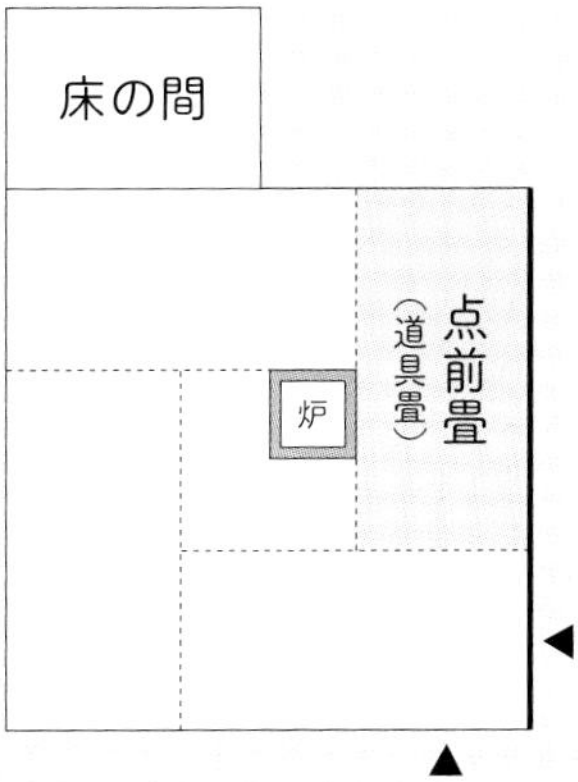

風炉

本勝手

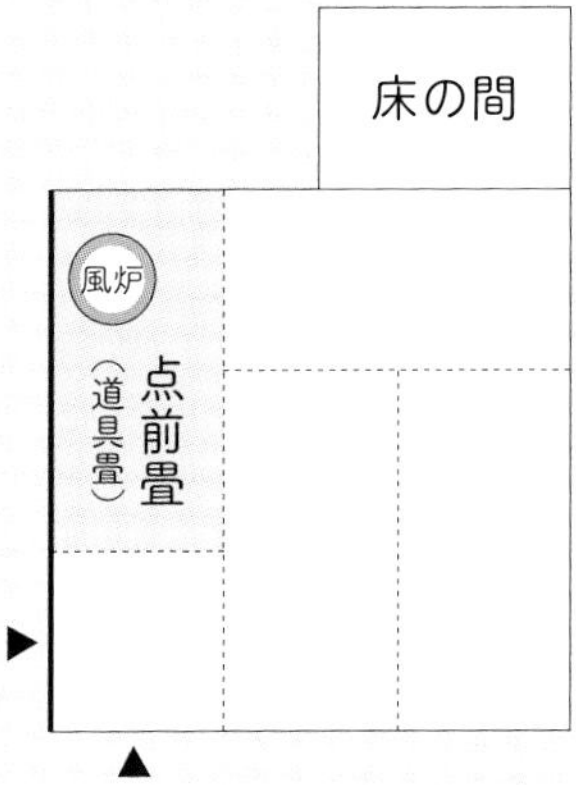

逆勝手

※太い線が勝手側　※茶道口は▲　※グレーの畳が点前畳（道具畳）

その2

包《つつ》み帛《ふく》紗《さ》

包み帛紗は棗を濃茶器として使う点前です。使う棗は黒の中棗あるいは小棗とされ、男性は紫、女性は赤か朱の帛紗で包みます。席中で帛紗をほどき、その帛紗で点前をするので、帛紗は腰にはつけません。棗には人数分の濃茶を入れ、三杓掬《すく》い出した後、残りの抹茶はかき出します。この時、茶杓で棗を傷つけないように気をつけましょう。

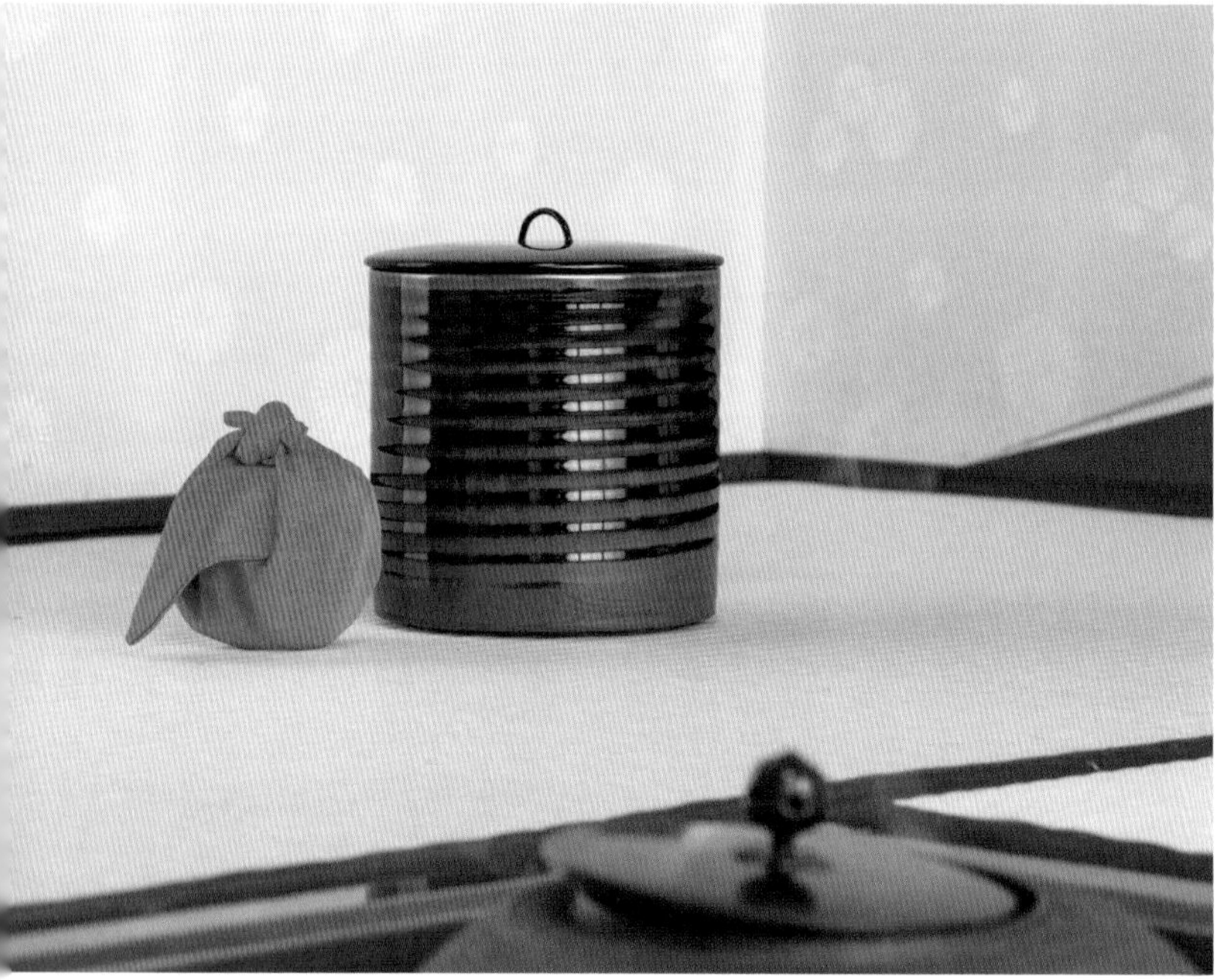

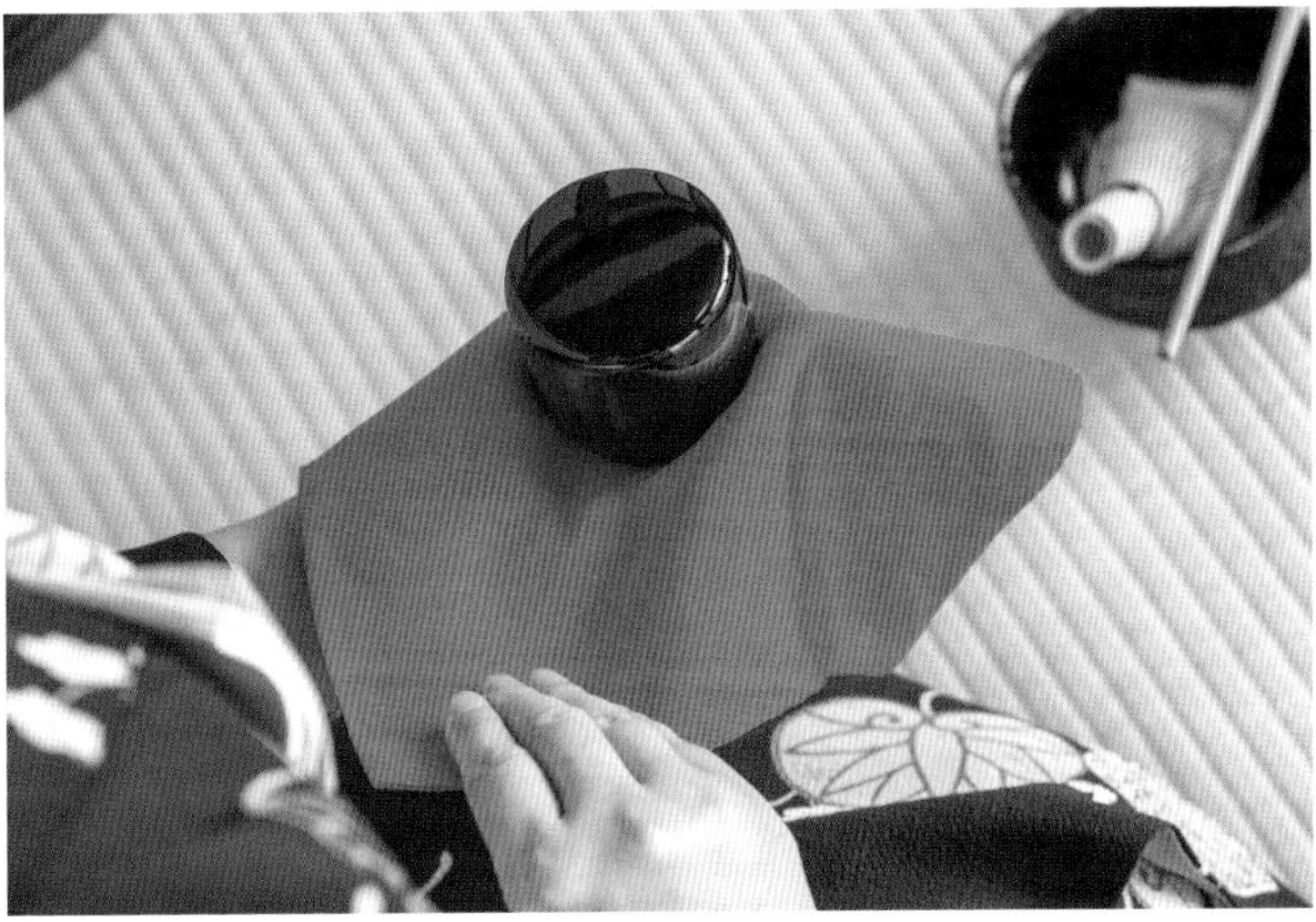

帛紗から棗を出すところが眼目

茶杓はお茶がこぼれ落ちないよう、やさしく手助け……

◉準備

棗に人数分の濃茶を入れ、帛紗で包みます。分厚い帛紗は結びにくいので、薄いものを選ぶとよいでしょう。包んだ棗は水指の前に荘ります。

ほか、常の濃茶点前の通り、茶巾・茶筅・茶杓を仕組んだ茶碗、蓋置・柄杓を仕組んだ建水を準備します。

棗の包み方（左をかける場合）

❶ ワサが左手前になるよう帛紗を菱なりに置き、棗を中央に置く。

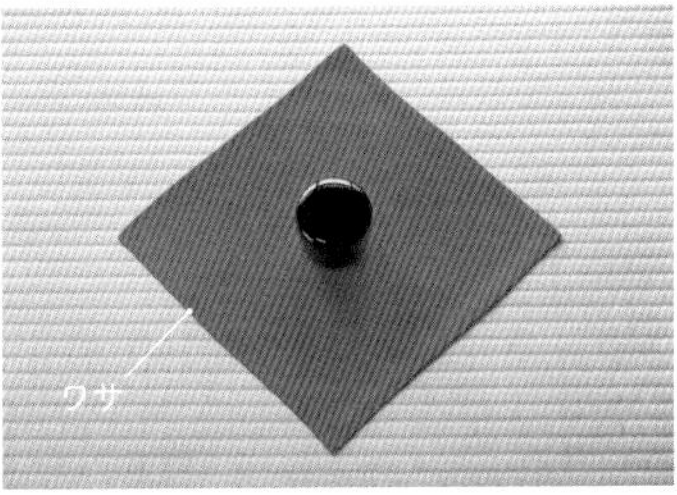

❷ 手前の帛紗を棗にかぶせ、向こうの帛紗を手前にかぶせる。

❸ 棗が動かないように押さえながら、帛紗の右側を折り、左側も同様に折る。

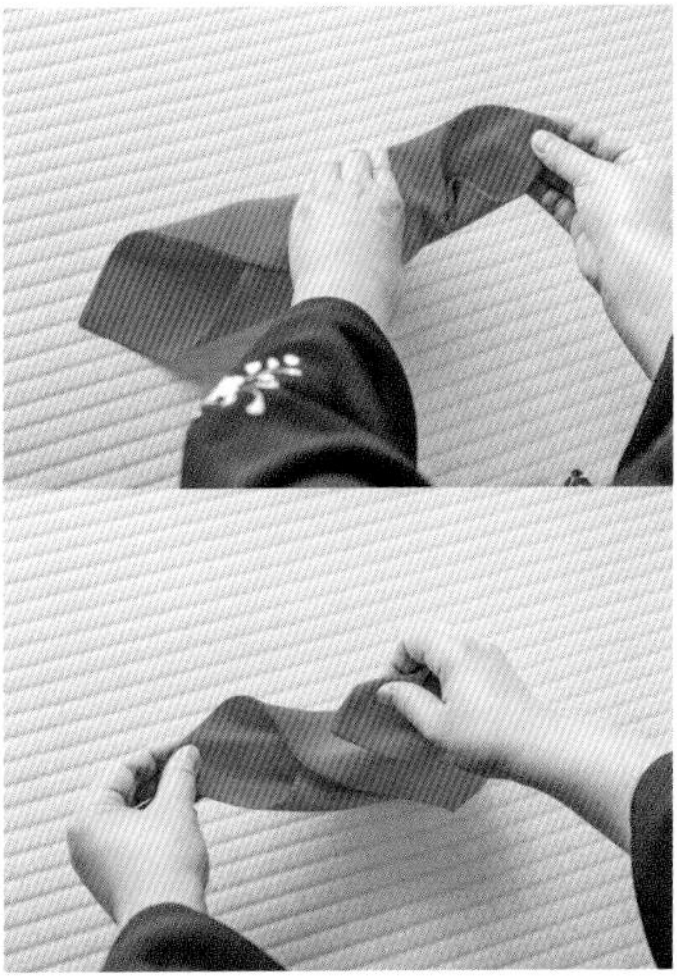

❹ 左側の帛紗を右側の帛紗にかけて結ぶ。

❺ 上の端を手前に折り、下の端を手前からかけてもう一つ結ぶ。

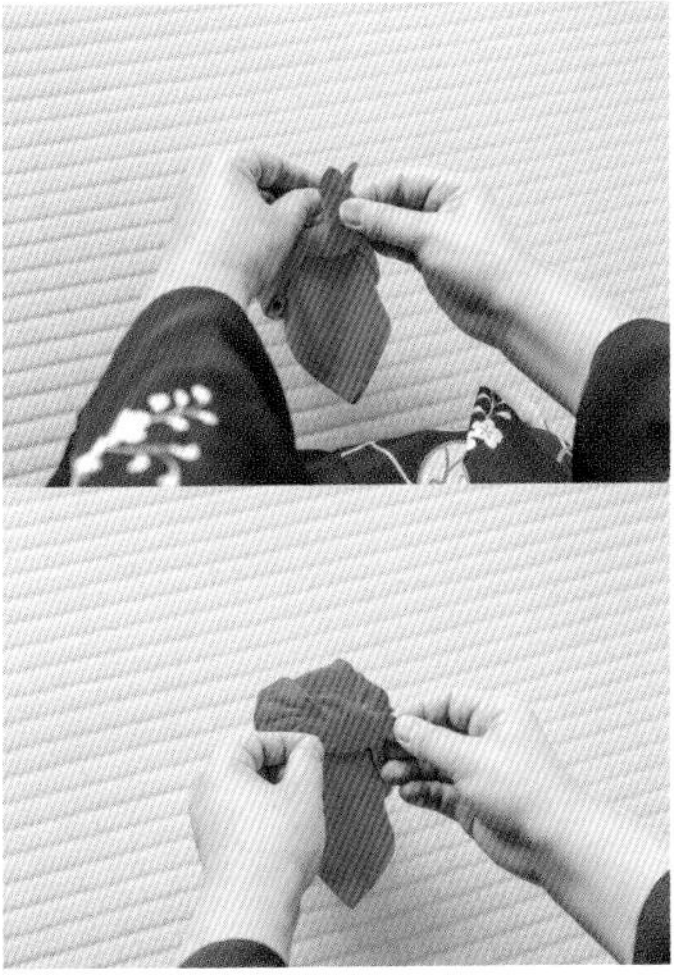

Q. 包み帛紗の点前はどのような場面で行うのでしょうか。

A. 亭主の趣向により、濃茶器に相応しい棗で行うものでしょう。

稽古では小習事《こならいごと》の一つとして行う点前ですが、実際の茶事茶会では棗を濃茶器として用いる際に、趣向などによって帛紗で棗を包んで結び、仕覆の代わりに用いるものです。仕覆を使わず点前用の帛紗で包むあたりは、千家らしいわびた点前と感じさせます。

濃茶器に相応しい棗というと、たとえば、棗の底や内底に花押《かおう》などがある場合もその一例です。抹茶をすべて出してしまわないと見えないので、この点前をすることがあります。

稽古では稽古用の棗を濃茶器に相応しい棗としてあつかいます。拝見の問答のためにも、時代の塗師や十職の中でも名工の誉れ高い代などをまなんでおくとよいかもしれませんね。

Q. 棗は昔から濃茶器として使われたのでしょうか。

A. 棗を濃茶器として用いたのは、千利休が最初です。

文＝八尾嘉男（やお よしお／茶の湯史研究家）

包み帛紗などの稽古で、棗を濃茶器として使うことに驚かれた方もあるかもしれません。現在では薄茶器の代表のような棗ですから、「なぜ？」「どなたが最初に？」というのは気になるところです。

そもそも濃茶器は、最初はもっぱら中国から伝来した唐物《からもの》陶磁器でした。今では美術館などで目にする名物茶入が茶席を彩っていました。瀬戸焼や丹波焼といった国産の和物陶磁器が茶会の記録、茶会記で多く見られるようになるのは、江戸時代になってからです。これら和物が唐物に取って代わる理由は、日本に輸入された唐物は数が少なく、高額である上に、所有者もめったに手放さなくなったこと。茶人の求めに応えて日本の窯で茶入が焼かれはじめたことが挙げられます。

では、江戸時代以前、唐物茶入は高嶺の花でとても手が届かない、という茶人はどうしていたのでしょう。そういったわび茶人は、素朴な和物陶磁器や木製品を代用していました。

この木製品の一つが棗です。もともと棗は中国原産のクロウメモドキ科の花「ナツメ」の名前で、夏に芽吹くことから

「夏芽」とも書きます。棗は鑑賞するだけではなく、果実を菓子や薬用として食していました。この果実に形が似ていることから名がついたのが茶器の棗です。

茶会記を見ますと、棗を濃茶器として披露したと思われる最初は、千利休（1522〜91）が、共に堺の商人である天王寺屋（津田）宗及《そうぎゅう》と武野紹鷗《じょうおう》の息子である新五郎を招いた永禄九年（1566）

ナツメの実

十一月二十八日の茶会です（『天王寺屋会記』『宗及他会記』）。織田信長が天下人として京都に進出する数年前のことです。薄茶は記載がなく、どうやら行われなかったようです。棗は初座で置き合わせたか、籠に灰被《はいかつぎ》天目と黒台と共に仕込んだと推測できます。濃茶器であれば、仕覆が気になるところですが、残念ながら仕覆については何も記されていません。

そこで、茶書に目を移しますと、利休の棗披露から約五十年を経た寛永三年（1626）版行（出版）の『草人木《そうじんぼく》』に、「昔、棗は袋を縫って、〝侘茶の湯〟、わび茶人が小壺のように取り合わせていました」という一文があります。ちなみに、小壺は葉茶壺の大壺と対になる呼び方で、丸壺や茄子《なす》、文琳《ぶんりん》といった丸みを帯びた胴を持つ茶入のことです。ということは、棗は小壺と同じく仕覆を仕立てたということになります。そして、話は「これも中次《なかつぎ》と同じようにいろいろと習いがあります。先生に教えてもらってください」と続きます。前の条文から、「これ」は棗を清めたり、点前でのあつかいについてであるようにも感じますが、棗を帛紗で包むことがあるとすれば、この「いろいろの習い」の一つでしょうか。

また機会を改めてお話しますが、棗を濃茶器として用いるあつかいには大津袋《おおつぶくろ》もありますね。大津袋は利休の妻宗恩《そうおん》が大津（滋賀県）から京都に運ばれてくる米袋を目にし、仕立てたものだとされます。

◉濃茶器に代用される木製茶器

棗以外で濃茶器に代用したと思われる木製茶器は、「ヤラウ」という片仮名表記で書かれることの多い円筒形の薬籠があります。薬籠は中次の古い呼び方です。中次とわかると、どのようなものか想像しやすいですね。先の『草人木』では薬籠ではなく、中次という表現に変化しています。ほかには、南北朝時代の後醍醐天皇ゆかりの金輪寺《きんりんじ》や茶桶《さつう》があります。茶桶も中次に近いものです。

透漆金輪寺茶器　江戸時代
出典：ColBase（https://colbase.nich.go.jp/）

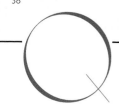

Q. 帛紗の大きさや色は昔から変わりないのでしょうか。

A. 茶書によると、昔の帛紗はやや小さく、色目もさまざまでした。

ここでは点前に使われる帛紗のお話をしていきます。実は昔の茶会記には、帛紗の記載はほとんどありません。そもそも、昔は現在のように、当日に会記が亭主から披露されたり、印刷物として配られ、家でゆっくりと見て楽しんだりすることはできません。記憶と懐紙に筆を走らせたメモ書き頼みの情報です。自然と記録する人のお目当てのものが主に書かれます。帛紗は極端に大きさが違う場合や、奇抜なものでない限り印象に残りにくく、茶人たちも帛紗を主に趣向を凝らそうとはしなかったでしょう。

茶書においても点前上でのあつかいなどは記されていますが、ほかではあまり筆が及んでいません。

その中で、表千家四代江岑宗左《こうしんそうさ》は次のように述べています（『江岑夏書《げがき》』）。千利休が用いていた帛紗は小さく、角を腰につけていました。そんなある日、豊臣秀吉の小田原攻め（北条氏討伐）に同行した利休のもとに、妻宗恩から帛紗を大きく縫ったものが、薬の容器を包むのに使ってください、と申し添えて送られてきました。利休は、それを目にして、格好が一段とよいと感心し、以後、帛紗はこの大きさにしたという話です。この話の前提こ

現在の一般的な帛紗（紫色）

は、当時、帛紗は現在より小さかったということがあるでしょう。江戸時代前期（1660年代）に残された逸話ですので、大きさの尺度はセンチメートルではありません。かといって寸尺でもなく、ただ「十七目、十九目」とあります。稽古をされている皆さまには、畳の目の数だとだいたいおわかりかと思います。

少し小ぶりに感じるかもしれませんが、江岑が亡くなってから約五十年の時を経て生まれた裏千家八代又玄斎《ゆうげんさい》らと七事式を考案した江戸千家の祖川上《かわかみ》不白《ふはく》の頃になると、「十九目と二十一目」と、もう一段大きくなります（『不白筆記』）。徳川吉宗が江戸幕府将軍であった時代です

◉年代と帛紗の色目

そして、色目については、先の江岑と同時代で、表千家五代随流斎《ずいりゅうさい》の兄に当たる久田《ひさだ》宗全《そうぜん》は、宗恩が整えた帛紗の色目を紫色と茶色とし（『茶湯逸話集』）、不白の時代には、紫は年齢不問、黄色と茶色は年配の人、紅色は若年か長寿を歩む老人、と年代ごとによいとする色目に違いが出ています（『不白筆記』）。

ここでいう年齢とは、茶歴として考えるべきでしょう。赤や朱ではなく、「紅色」としているのは、今は還暦茶事などで用いる「染茶巾（紅茶巾）」のように紅花の染物を仕立てたからでしょうか。現在とは少し違った過去の姿が垣間見え、興味深いお話です。

茶人の日常によくある瞬間

茶人あるある

マンガ＝おおえ さき
（マンガ家・イラストレーター）

Episode. 03

「オトコの話」

…みどりさん

とある教室の中堅社中。気がつけば茶歴は長くなり…。

…先生

パワフルだが乙女心は忘れない、お茶目な先生。

…わかばさん

お茶をはじめて数年。まだまだ新鮮なことだらけ！

Episode. 04

「うっかりびっくり左前」

エピソードをお寄せください

「稽古場の外でも、ついしてしまうこと」「コレって、お茶をしているから？と感じた瞬間」など、暮らしの中でよくある茶人ならではのエピソードをお寄せください。本欄の参考にさせていただき、ご応募の方の中から、抽選で粗品を差し上げます。

応募方法

本書の感想と左記を明記の上、郵便または淡交社HPよりお気軽にお送りください。
・お名前、ご住所、電話番号、エピソード（字数不問）
〒603-8588 京都市北区堀川通鞍馬口上ル
㈱淡交社 編集局「淡交テキスト 茶人あるある」係

2月に活躍する茶道具

今月の稽古や茶会に活躍する茶道具を、意匠などに注目して紹介します。

々斎好写 梅棗

●梅

「春告草《はるつげぐさ》」の名を持つ梅は、早春、百花に先駆けて花を咲かせます。その意匠は茶道具にも多く、歴代宗匠方の好物にも見られます。その中の一つ、十一代玄々斎好「梅棗」にまなんだのが写真の棗で、本歌の作は中村宗哲です。

●月

梅は姿と共に芳しい香が賞され、詩歌でも月夜の中で梅の香を称えるものは多い。茶道具では十四代淡々斎好「梅月棗」が好例。

●鶯《うぐいす》

鶯は早春に鳴きはじめることから「春告鳥《はるつげどり》」の異名を持ち、その季節にはじめて聞く鳴き声は「初音」として喜ばれる。もとは中国

右上／色絵 梅月絵茶碗　左中／欅地 梅に鶯蒔絵長棗　下／笠牛香合

れ、画題に多い。また、村上天皇の「鶯宿梅《おうしゅくばい》」の故事も知られている。茶道具では蒔絵の意匠や茶杓の銘、菓子などに見られる。

●牛

菅原道真公が梅花を好んだことから、菅公の使いとされる牛も梅にゆかりがある。茶道具では型物香合に多く、写真は『型物香合番付』東方一段目前頭八枚目「笠牛」にちなんだ例。臥牛《がぎゅう》の背の笠が「十牛《じゅうぎゅう》図《ず》」の牧童を連想させ、趣深い。

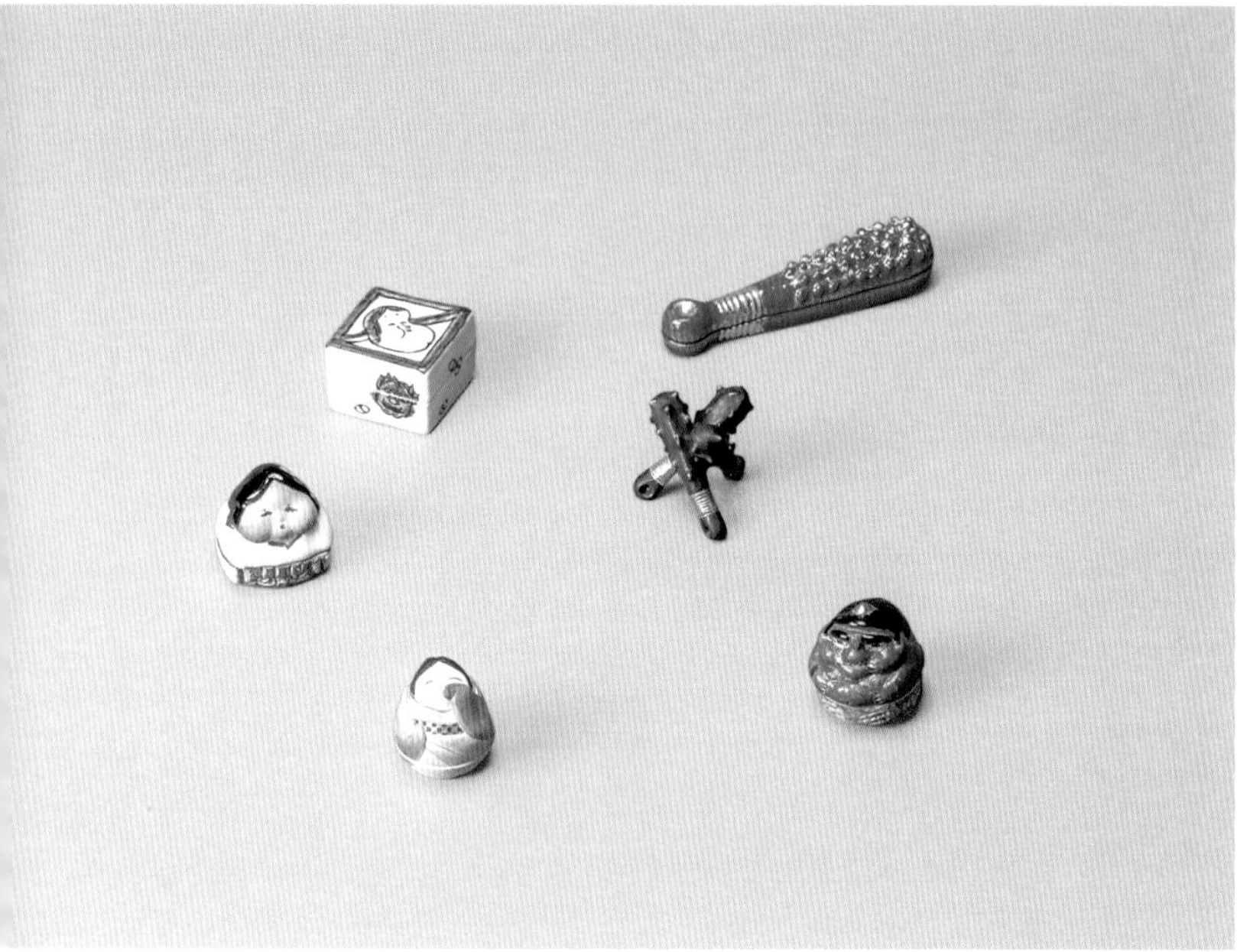

上／鬼の忘れ形見香合　以下、時計まわりに／金棒
置　色絵 鬼香合　まめ福香合　お福香合　福枡香合

●節分

古来、季節の変わり目には邪気が生じるとされます。節分には邪気（鬼）を払う行事が行われ、その代表といえる豆撒きでは、「鬼は外、福は内」などの掛け声と共に、大豆を撒く風習があります。

●鬼

鬼は想像上の怪物であり、その風貌は、耳まで裂けた口に鋭い牙、頭には牛の角、裸に虎皮の褌《ふんどし》姿といった具合である。陰陽五行の思想や仏教と結びつき、赤・青・黄（または白）・緑・黒の鬼がいるとされている。

●お多福

お多福とは、額が高く頬が膨れ、鼻の低い丸顔の女。招福の縁起物と

右／色絵 福枡茶碗　左／宝尽し枡形菓子器

の顔に似た形状の釜や茶碗を「乙《おと》御前《ごぜ》（お多福の異名）」と呼ぶ。

●枡《ます》

豆撒きには、煎り大豆を一升枡に盛り、神棚に供えたものを用いたという。これは、枡が穀物を量る度量衡器であることから五穀豊穣を祈願し、また「増す」や「益《ま》す」との音通を喜んだといった理由があるという。枡の名は釜や茶碗にも見られる。また、福枡を菓子器や莨盆などに見立てるのも面白い。

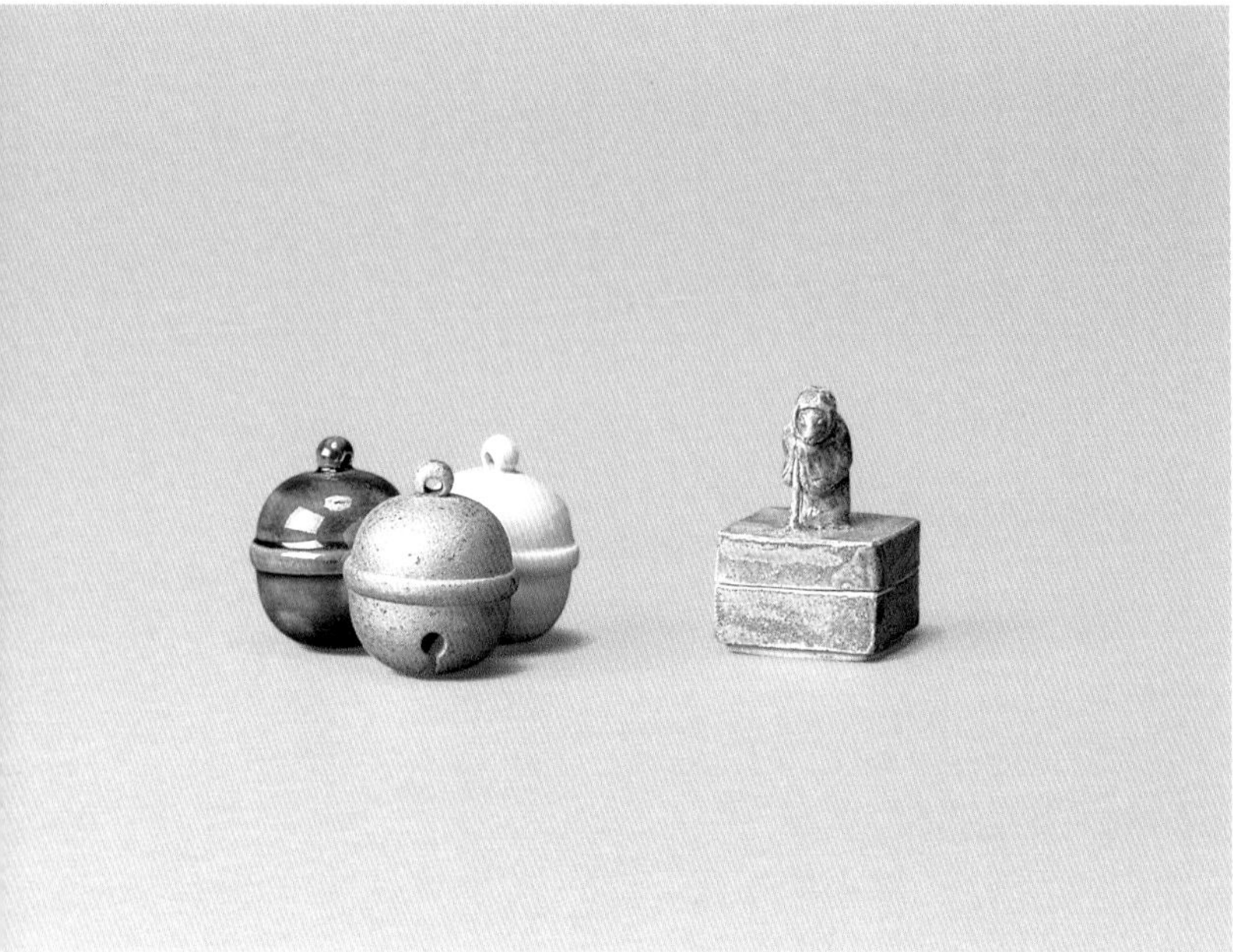

／黄瀬戸 釣狐香合　左／三つ鈴蓋置

●初午《はつうま》

二月最初の「午」の日、またその日に行われる稲荷社の祭礼が「初午」です。五穀豊穣や商売繁盛を司る稲荷明神が、二月の初午の日に京の伏見稲荷山三ケ峰に鎮座されたという伝承によるものです。狐、鈴のほか、馬、鳥居など初午からは多様な意匠が連想されます。

●狐《きつね》

狐は稲荷明神の使いとされている。本香合は狂言「釣狐」より、「白蔵主《はくぞうす》」という名の僧に化けた白狐の姿に作られている。

●鈴

鈴は神霊の発動を願って鳴らすものとされる。巫女が神楽舞を舞う際に振る神楽鈴は、能の「翁」の後[illegible]

右／油滴 猪目茶碗 左／紅釉 猪目茶碗

●猪目《いのめ》

つまりハート形を逆さにしたような形で、イノシシの目の形に似るところが語源ともいわれます。猪目透は火伏の魔除けとして、寺社の建築の装飾（懸魚《げぎょ》）に多く見られます。また、イノシシの猛々しさにあやかって、刀剣の鍔《つば》の切り込み装飾にも用いられます。

二月には猪目を逆さまにして、ハート形に見立てて使うのも楽しいもの。また、桃形や四つ葉のクローバーの一片に見立てることもできそうです。「猪」の名から亥の月（旧暦十月）に使うのも一興です。

＊本欄で取り上げた茶道具は小社オンラインショップでお求めいただけます。

［連載］

まずは一服

2

文＝片岡明美《かたおかあけみ》
片岡亀蔵夫人・コラムニスト

アナウンサーから歌舞伎役者の妻となった片岡明美さん。いつも傍らにあり続けたのは茶道でした。和に親しむ日常と、その暮らしの延長線上にあるお茶の楽しみとは——。

歌舞伎座の地口行灯

季節の行事を楽しむ

春は光から。一年で一番寒さの厳しい頃ですが、陽射しに力が宿ってくる時季でもあります。夜明けの空は、清々しく美しく、冷たい風の中にも、煌《きら》めく陽の光にかそけき喜びが満ちているようです。多少眠たくても、エイヤっと飛び起きます。食いしん坊の私は、おめざのお菓子も前日から準備万端（笑）、まずは一服。

して玄関に置いたり、軒先に吊るしたりして魔除けにするパターンが多いようで、必須は「豆撒き」。歌舞伎座でも、恒例行事となっています。黒紋付に袴の役者が（衣裳のままの時もございます）、舞台や花道からお客さまへ福豆を撒きます。好きな役者から貰った福豆は、食べずに取っておく！　なんて方もいらして、そのお気持ちがありがたいです。

実は二月の歌舞伎座には、イベントが三つもあるということは、あまり知られていません。二つ目は、「地口行灯《じぐちあんどん》」。正直に申し上げます。私、お嫁に来るまで存じませんでした。「地口」とは、駄洒落《だじゃれ》の一種。どうやら江戸を中心に栄えた文化のようで、いくつか例に挙げてみますね。

「穴より団子」「かってかまどの戸をしめろ」「坊主の手から数珠が漏り」もうおわかりですよね？

「花より団子」「勝って兜の緒を締めよ」「上手の手から水が漏り」

その駄洒落を、絵と共に行灯に仕立てたのが「地口行灯」で、公演期間中、場内のあちらこちらに掲げられています。やわらかい行灯の燈が見た目に温かく、ヘタウマな絵に、クスッと笑ってほんの少しでも寒さを忘れていただきたい、という趣向です。

そして三つ目が、「初午祭」。歌舞伎座ご来場のお客さまには、幕間の休憩時間、正面玄関横のお稲荷さんへお詣り後に、お汁粉を召し上がっていただきます。あえてこの日を狙ってご観劇ともなれば、立派な歌舞伎通♪です。二月の最初の午の日の行事ですが、年によっては、二の午になることもあり、コロナ禍の昨年は、自粛でございました。さて令和四年は、どうなるでしょう。ちなみに我が家では、大好物の稲荷寿司をいただくことで、八百万《やおよろず》の神に感謝します。

日本の風習や伝統行事を、楽しみながら次の世代へ。お稽古やお茶事に取り入れてみるのも一興かと存じます。

最後になりましたが、先月のクイズの答えです。昔、歌舞伎の稽古場に置かれていたのは「檸檬《レモン》」です。檸檬を酸っぱく感じるか否かで、身体の疲れ具合を判断したとか。国産檸檬は今が旬の季節。爽やかな香りが曙《あけぼの》の風にふうわりと漂って……、春は光から。

まなぶ、ひろがる、楽しむ
茶の湯お稽古十二か月 ②

淡交テキスト
TANKO TEXT

発行者　納屋嘉人
発行所　株式会社 淡交社
本社　〒603-8588　京都市北区堀川通鞍馬口上ル
TEL　075-432-5156［営業］　075-432-5161［編集］
支社　〒162-0061　東京都新宿区市谷柳町39-1
TEL　03-5269-7941［営業］　03-5269-1691［編集］

印刷・製本　NISSHA株式会社

　ISBN978-4-473-04502-7

淡交社ホームページ　www.tankosha.co.jp

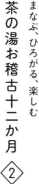

ISBN978-4-473-04502-7
C2376 ¥600E

定価: 本体600円 +税

淡交テキスト二月号 第三種郵便物承認 令和4年2月1日発行 通巻602号